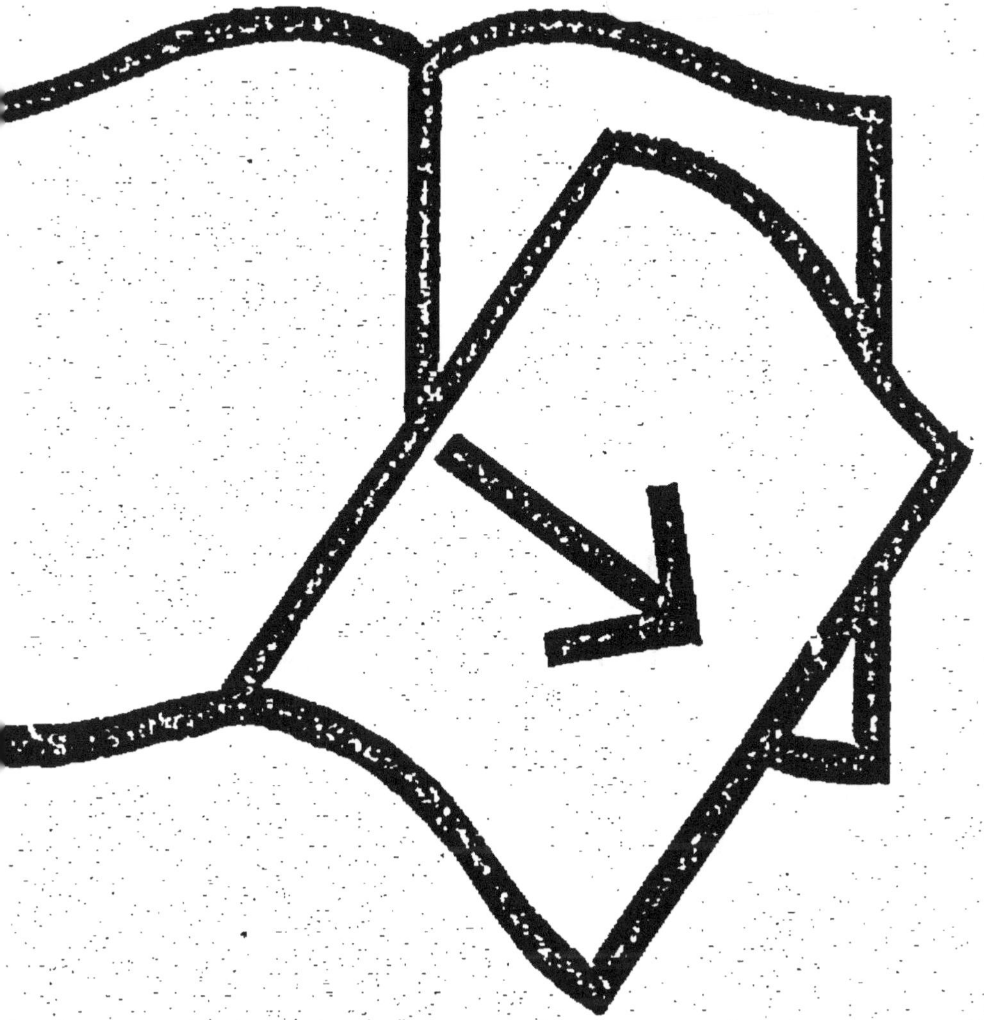

Couvertures supérieure et inférieure
manquantes

FAUSSETÉ

DU PRÉAMBULE DE LA CHARTE XVI

DU 2ᵉ CARTULAIRE DE L'ÉGLISE DE GRENOBLE

RÉPONSE DE M. GARIEL

A LA PROTESTATION

DE M. L'ABBÉ TRÉPIER

A PROPOS

DU PRÉAMBULE DE LA CHARTE XVI

DU 2ᵉ CARTULAIRE DE L'ÉGLISE DE GRENOBLE

> Fuyez l'ardent trépied des luttes . . . .
> . . . .
> A ce prix, le Présent saura vous accueillir,
> Dieu bénir vos efforts et le monde applaudir !
>
> Ch. TERTRAY.
> *(Hommage aux Poëtes.* — Rome, 1861.)

GRENOBLE

IMPRIMERIE DE PRUDHOMME, RUE LAFAYETTE, 14

—

1865

RÉPONSE DE M. GARIEL

A LA PROTESTATION DE M. L'ABBÉ TRÉPIER

A PROPOS

DU PRÉAMBULE DE LA CHARTE XVI

DU 2ᵉ CARTULAIRE DE L'ÉGLISE DE GRENOBLE.

Dans la *Notice* (¹) sur M. Fauché-Prunelle que j'ai eu l'honneur de lire à la séance du 2 décembre 1864 de l'Académie delphinale, j'avais dit :

« M. Fauché nous initie à l'origine des comtes d'Albon et de Graisivaudan, et, à l'aide de la plus saine critique, il repousse l'authenticité du Préambule de la charte XVI du 2ᵉ cartulaire de l'évêché de Grenoble ; de cette charte, à propos de laquelle Fontanieu, qui ne la discute point, sans doute parce qu'il n'en parle que d'après la copie qu'il en avait fait faire, s'écrie fort justement : « Ce qu'il » y a de certain, c'est que l'évêque se fit prince (²). »

(¹) Notice sur M. Fauché-Prunelle. *Grenoble, Prudhomme*, 1865, in-8º.

(²) *Cartulaire général du Dauphiné*, par Fontanieu, MS. de la Bibl. imp., t. 1ᵉʳ, p. 46.

Dans la séance qui suivit ma lecture, M. l'abbé Trépier, à l'occasion de ce paragraphe, m'interpella avec une certaine véhémence (¹) en m'adressant très-sérieusement le reproche de n'avoir point parlé de ses *Notes* (²).

Certes, la prétention peut sembler étrange! Quelle était ma tâche? Faire connaître l'homme si justement regretté, — et dont la perte me paraît bien plus sensible encore en ce moment, — apprécier ses œuvres, et analyser de plus près le grand travail historique auquel il avait consacré sa vie.

Fallait-il, chaque fois que l'opinion de M. Fauché pouvait rencontrer un contradicteur, ouvrir une parenthèse et me livrer à une dissertation?..... C'est là apparemment la prétention de M. Trépier, car je ne puis croire que, se mettant au-dessus de tous, il veuille pour lui seul l'application de son étonnant principe.

Après ces mots : « A l'aide d'une saine critique », j'avais d'abord écrit : « *et malgré les efforts tentés par M. Tré-* » *pier*, il repousse l'authenticité, etc. » Je crus devoir par convenance biffer cette personnalité, et je m'en estime fort heureux, car, si mon silence a si fort indisposé M. Trépier, que serait-il advenu si j'eusse parlé?

Mais, après tout, de quoi s'agit-il donc? D'une question fort simple, en vérité, et qui peut se résoudre comme un procès ordinaire. M. Fauché est demandeur, M. Trépier défendeur; les deux avocats ont plaidé, et nous, les

---

(¹) Voy. pag. 55 et suiv. du tom. Iᵉʳ, 3ᵉ série, du Bulletin de l'Académie Delphinale.

(²) Notes et observations sur l'origine de la domination des comtes Guigues à Grenoble et dans le Graisivaudan, et sur la valeur historique des Cartulaires de Saint-Hugues. — *Grenoble, Prudhomme*, 1863, in-8°.

juges, comme toute la galerie, considérant le procès instruit, la cause entendue, avons donné gain de cause à M. Fauché. Voilà tout.

Je ne saurais supposer que M. Trépier pense avoir raison parce qu'il aura parlé le dernier.

Quant à moi, partageant l'opinion de M. Fauché, je n'avais rien de plus à dire que ce que j'ai dit. Je ne voulais ni avant ni après entamer ici la moindre discussion à ce sujet. Mais puisque M. Trépier ne l'entend pas ainsi; puisqu'il veut absolument que je lui donne mon avis sur ses *Notes*, je me fais un devoir de lui procurer cette satisfaction.

Suivons d'abord pas à pas la protestation de M. Trépier. Il débute en disant que, citer Fontanieu comme je l'ai fait, c'est prendre encore aujourd'hui la responsabilité de son opinion d'autrefois. — Je prends complétement cette responsabilité. — M. Trépier ajoute que, s'il vivait encore, Fontanieu, vaincu par ses arguments, s'empresserait de rendre les armes. — Je soutiens le contraire. — Plus loin, M. Trépier évoque de nouveau les morts et les fait parler. A l'entendre, l'accord entre lui et M. Fauché se faisait tous les jours de plus en plus; encore quelques jours, quelques heures de vie, et M. Fauché se reconnaissait vaincu et sur l'ensemble et sur les détails. — Je proteste contre ces dialogues d'outre-tombe, et je déclare que tant que M. Fauché a pu se traîner à la Bibliothèque, son opinion sur la fausseté du *Préambule* est restée inébranlable, et que même il préparait une réponse sur laquelle il m'a souvent consulté. J'avais beau l'assurer que les *Notes* de M. Trépier, loin d'avoir rien détruit, n'avaient pas même modifié l'opinion de M. de Terrebasse et de nos autres correspondants au courant de la question : mes efforts étaient vains. Il tenait à répondre, et à répondre péremptoirement.

Voilà ce que je pourrais répliquer à M. l'abbé Trépier, et je ne dirais que la vérité. Mais cela n'est pas de la critique. Il faut s'en tenir aux pièces du procès, au livre de M. Fauché, d'une part, à la brochure de M. Trépier, de l'autre, et ne pas sortir de là.

M. Trépier me reproche ensuite, car je ne veux rien atténuer, que c'est chose facile de regarder de haut une difficulté embarrassante et de l'esquiver par un bon mot. A cela, je répondrai en prouvant tout à l'heure à M. Trépier que je ne regarde ni de haut ni de bas les questions dont je m'occupe, que je les envisage de face et les attaque de front. J'ajouterais même que je me prends volontiers aux *difficultés embarrassantes*, mais ce n'est point ici le cas.

Quant à savoir si la reproduction de l'opinion d'un homme aussi grave que Fontanieu doit passer pour un jeu d'esprit, c'est une proposition dont il est permis de ne point trop se préoccuper.

M. Trépier ajoute : «Peut-être quelqu'un,—quelqu'un, c'est moi, — va-t-il trouver cette protestation un peu vive ? Mais pourquoi verrais-je avec indifférence effacer d'un seul revers de plume tout un travail sur un sujet assez important dont l'étude m'a demandé une année de patientes recherches, sans que seulement elle semble avoir coûté à mes contradicteurs quelques moments de véritable attention? »

Un année de travail ! C'est trop ou pas assez. Car le temps ne fait rien en semblable matière, et ne prouve rien, ni pour ni contre la thèse que l'on a à soutenir. Et, pour ne pas parler de moi, je citerai M. de Terrebasse, qui s'occupe d'un travail sur la même époque et le même sujet, et qui, depuis quinze ans, explore les dépôts publics et privés, transcrit lui-même, avec un soin aussi minutieux qu'intelligent, toutes les chartes, tous les titres et documents qui se réfèrent à cette période de notre histoire locale. Pourtant, M. de Terrebasse ne se croit pas encore suffisamment préparé pour fixer d'une manière définitive la date de nos premiers comtes; seulement, son opinion est formée sur le Préambule, et je vous dirai en terminant ce qu'il m'en a écrit après avoir étudié la brochure de M. Trépier.

Si je ne trouve pas dans le paragraphe qui a provoqué la protestation de M. Trépier le moindre sujet d'irritation, je suis loin de me plaindre de la vivacité avec laquelle il défend son œuvre. Chacun a ici le droit d'émettre son opinion quelle qu'elle soit, — c'est le propre, le but et la raison d'être des sociétés savantes, — sauf, bien entendu, à voir cette opinion discutée et contredite sans que personne ait le droit de se sentir blessé (¹). « Pourquoi, disait l'apôtre Paul, ma liberté serait-elle condamnée par la conscience d'un autre?» Cette vivacité annonce généralement une grande foi, et les hommes à fortes convictions sont si rares, que je me sens toujours, même lorsque j'ai à les combattre, prédisposé à leur accorder mon estime.

(¹) Tout le monde connaît cette belle réponse de l'empereur Constantin à ceux qui lui annonçaient que les Ariens, furieux de ce qu'il n'embrassait pas leurs opinions, brisaient ses statues: *Je ne me sens point blessé.* Que n'a-t-elle toujours été la règle de sa conduite?

Enfin, M. l'abbé Trépier termine sa protestation par la profession de foi que voici : « Jusqu'à preuve contraire,
» qui paraît devoir se faire longtemps attendre (M. Tré-
» pier sera servi plutôt qu'il ne l'a espéré), je persiste à
» soutenir avec le très-authentique Préambule de la
» charte XVI du 2e cartulaire de St-Hugues, et avec les
» nombreux et irréfutables (nous verrons tout à l'heure)
» documents cités à son appui dans mes *notes et observa-*
» *tions sur l'origine*, etc., je persiste à soutenir que dès
» l'épiscopat d'Isarn, c'est-à-dire depuis plus d'un siècle
» avant celui de St-Hugues, les évêques seuls, à l'exclu-
» sion des Guigues, étaient princes (¹) ou possédaient
» l'autorité comtale dans ce pays. »

La preuve contraire qu'on nous demande, nous la donnerons pleine et entière.

Mais avant d'entrer dans le vif de la discussion, qu'il me soit permis de présenter deux considérations qui rentrent dans le sujet : l'une, générale, sur les faussaires, l'autre, particulière et s'appliquant directement aux cartulaires de l'église de Grenoble.

M. Trépier, citant les auteurs du *Nouveau Traité de di-plomatique* (²), nous dit que Sigibode le faussaire, qui travaillait pour l'archevêque de Vienne, offre le premier exemple d'une fausse charte fabriquée par un moine français. Pour être plus exacts, les Bénédictins auraient dû dire que c'était le premier exemple d'un moine fran-çais avouant pareille fabrication ; car il est évident que les moines, qui avaient alors le monopole du peu d'ins-

---

(¹) Fontanieu nous a dit quand et comment ils se firent princes.
(²) *Nouveau Traité de diplomatique*, par deux religieux béné lic-tins, t. 6, p. 162.

truction qui existait, devaient être les auteurs de la plupart des faux qui se commettaient, et il s'en commettait beaucoup, du xie au xiie siècle, période la plus riche en trésors de ce genre (¹).

M. Trépier n'avait qu'à tourner le feuillet où se trouve relaté le fait de Sigibode, pour s'édifier sur les immunités à peine croyables réservées aux faussaires à cette triste époque. Ainsi Nicolas, moine de Clairvaux (²) et secrétaire de saint Bernard, soit pour favoriser ses amis, soit pour ménager ses propres intérêts, contrefaisait (³) et les lettres et le sceau de son patron. Saint Bernard, craignant que quelques lettres ainsi contrefaites ne parvinssent jusqu'au pape, le prévint (⁴) de ce qui se passait, sans cependant révéler le nom du coupable. En même temps il changea son sceau, et fit graver sur un autre et son nom et son image. Mais Nicolas trouva encore le secret de s'en emparer et de le contrefaire. Cependant, comme ses impostures étaient connues à Clairvaux, il prit le parti de la retraite. Outre les livres, l'or et l'argent qu'il emporta, on découvrit (⁵) sur lui trois sceaux, le sien, celui du prieur de Clairvaux et le nouveau de saint Bernard. Le saint écrit de nouveau au pape Eugène, et, cette fois, il dénonce le nom du coupable, fait connaître ses fourberies, le peint sous les couleurs les plus noires, et il finit par supplier le pape de le condamner au silence et à une prison perpétuelle (⁶).

(¹) *Nouveau Traité*, etc., t. 6, p. 163.
(²) *Ibid.*, t. 6, p. 164.
(³) *Bernardi epistolæ*, 298.
(⁴) *Id., epist.*, 284.
(⁵) *Id., epist.*, 298.
(⁶) *Nouveau Traité de diplomat.*, t. 6, pp. 164-65.

Les impostures de Nicolas ayant fait un si grand éclat dans le monde, ne semblait-il point qu'il devait être perdu de réputation pour toujours, se demandent naïvement les Bénédictins? Il n'en fut rien, il eut l'adresse de se rendre nécessaire aux souverains pontifes eux-mêmes...., et il fut patronné et comblé de bienfaits par trois papes successivement. Adrien IV (¹) écrivit deux lettres en sa faveur, l'une à l'évêque de Beauvais, l'autre à l'archevêque de Reims. On y voit qu'en fuyant Clairvaux, Nicolas se réfugia à Rome où il fut toujours en grand crédit. Le pape le recommande à ses prélats comme une personne qui lui est très-chère, et aux intérêts de laquelle il s'intéresse au-delà de tout ce qu'on peut dire. Alexandre III (²) lui accorda des lettres de recommandation pour divers prélats; il fit plus, il lui écrivit une lettre dans laquelle il lui promet, *avec une affection toute spéciale à sa personne, de ne lui refuser jamais, et en aucun temps, aucune de ses demandes*. Je copie les Bénédictins (³).

Mais, sans aller chercher des exemples à Rome, les

(¹) Dom. Mart., *Ampliss. collect.*, t. 2, col. 644-45.

(²) *Ibid.*, col. 658.

(³) Nicolas, nous affirment les Bénédictins, s'était *rendu nécessaire aux papes* ; il ne faudrait donc pas conclure, de ce que nous venons de raconter d'après eux, que tous les faussaires fussent traités comme lui. En effet, ces mêmes Bénédictins (t. 6, pp. 163-175 du *Nouv. Trait. de diplom.*) nous apprennent que les papes poursuivaient avec la dernière rigueur les évêques, chanoines, moines et clercs de toute robe qui falsifiaient les lettres apostoliques, les sceaux et les bulles pontificales; ils nous apprennent encore qu'ils avaient fort à faire, car les faussaires étaient si nombreux à cette date que, dans plusieurs villes et dans Rome même, ils étaient organisés en sociéé et montaient des fabriques.

faux commis, au dire seul, il est vrai, de saint Hugues (¹),
par l'archevêque de Vienne ont-ils empêché ce prélat
d'arriver à la papauté et d'être qualifié de bienheureux
et très-saint pontife par Baronius et tous les écrivains
ecclésiastiques ?

Passons à la seconde considération. Que sont les cartulaires de saint Hugues ? Le dossier des pièces de son procès (²) contre l'archevêque de Vienne, et de ses querelles
avec le comte de Graisivaudan.... Or, l'on sait tout ce
qui peut entrer dans un dossier de procureur, et com-
bien il est difficile d'asseoir un jugement dans une
affaire où une seule des parties a toujours la parole:
Testis unus, testis nullus. Nous devons donc nous tenir
fort en garde contre les pièces de ce dossier, et si peu

(¹) Nous disons que le fait de Sigibode (acte xxxiii du 1er Carte)
n'a d'autre appui que le récit de l'auteur du Cartulaire, et que....
Mais laissons parler dom Tassin et dom Toustain: « *Il est surprenant,*
» ne peuvent-ils s'empêcher de s'écrier, *qu'on ne trouve pas un mot*
» *de toute cette histoire de Sigibode,* ni dans la Collection des con-
» ciles du Père Labbe, ni dans M. Fleury, ni dans l'ancien *Gallia*
» *christiana,* ni dans la *Vie de St-Hugues,* ni dans l'*Histoire du*
» *Dauphiné* de Chorier et de M. de Valbonnays. » (*Nouv. Trait. de*
dipl., t. vi, p. 162.)

De la part des deux savants religieux, une *surprise* manifestée en
ces termes nous semble bien voisine de l'incrédulité. Faudrait-il
ranger sur la même ligne le récit de Sigibode et la fable du *Préam-*
bule?...... Car enfin, si nous entendons toujours la voix de Saint-
Hugues, celle de ses contradicteurs ne se fait jamais entendre. Aussi
qu'arrive-t-il? L'évêque de Grenoble veut-il usurper le titre de
prince?..... il fabrique le *Préambule;* traite-t-il de faussaire le futur
pape Calixte II?..... il nous sert alors *toute cette histoire de Sigi-*
bode, qui excite à un degré si énergique la *surprise* des deux Bénédictins.

(²) Voir la note à la fin de ma réponse.

que l'une d'elles nous paraisse suspecte, il est de règle élémentaire en critique historique de la rejeter.

Il est facile de voir le but que je me suis proposé dans ces deux considérations préliminaires.

Dans la première, je vous ai exposé l'idée que l'on se faisait des faussaires à l'étrange époque dont nous nous occupons, et je ne pouvais, en pareille matière, m'appuyer sur une autorité moins incontestée que celle des Bénédictins et moins incontestable que celle du 6ᵉ volume du *Nouveau Traité de diplomatique*. Ce volume, en effet, n'a été rédigé que pour laver le clergé de l'accusation que lui adressaient généralement les historiens d'être l'auteur de toutes les falsifications de bulles, lettres, chartes, etc.

Dans la seconde, j'ai rappelé à votre mémoire ce que sont en définitive les cartulaires de l'évêché de Grenoble.

Et la conclusion générale à tirer de ces deux observations, c'est que, si l'historien ne doit pas avoir une foi irréfléchie et aveugle dans tous les actes des cartulaires, il ne saurait s'entourer de trop de précautions quand il s'agit de cartulaires qui se présentent, comme ceux de Grenoble, dans les conditions défavorables que nous venons d'indiquer et dans celles que nous allons développer.

M. Trépier résume assez bien (page 8 de ses *notes*) l'opinion de M. Fauché, celle de M. de Terrebasse, etc., et la nôtre sur le *Préambule* de la charte XVI. Oui, « nous
» le considérons comme faux et apocryphe, comme en
» opposition avec la vraisemblance historique, comme
» contenant des énonciations mensongères, fausses ou
» inexactes qui n'y ont été insérées que furtivement
» et clandestinement, à l'insu des comtes, avec l'es-
» poir de s'en faire ultérieurement un titre utile contre

» eux. » M. Trépier ajoute que, pour motiver une pareille opinion, M. Fauché a employé des raisonnements tels, que s'ils étaient acceptés et appliqués, il faudrait dans le monde entier brûler du même coup saints, chartes et cartulaires..... Soyons calmes, Monsieur, et surtout ne brûlons personne. Brûler n'est pas répondre; on ne brûle que les gens à qui on veut fermer la bouche, que les livres auxquels on est dans l'impuissance de répliquer. Faisons la lumière partout, la vérité est à ce prix, mais, de grâce, ne la cherchons pas aux sinistres lueurs des auto-da-fé.

Comment! parce qu'on vous aura prouvé qu'un faussaire a glissé vingt, trente, quarante lignes dans un acte de n'importe quel cartulaire, il faudra répudier, non-seulement ces vingt lignes, mais l'acte lui-même; non-seulement l'acte lui-même, mais tout le cartulaire; non-seulement le cartulaire, mais tous les cartulaires, toutes les chartes et tous les saints de la chrétienté?..... Allons, tout ceci n'a rien de sérieux, et la critique n'a rien à y voir.

Je n'irai pas, vous le comprenez, discuter toutes les propositions du livre de M. Trépier; il faudrait faire un autre livre. Rassurez-vous, je n'en ai ni le loisir ni l'intention, et si bien M. Trépier m'a forcé à prendre la parole, je réduirai le débat à sa plus simple expression, en m'attachant aux arguments les plus forts, aux pages où l'auteur triomphant se prétend irréfutable.

Je ne m'arrêterai point à l'état matériel de la charte, état qui suffit seul à la classer dans les chartes fausses, ni même à la fameuse phrase du Préambule où l'auteur du cartulaire dit, de la manière la plus absolue, qu'au temps d'Isarn il n'y avait pas le moindre comte de la famille des

Guigues : ce qui est en contradiction manifeste avec la vérité historique. Je laisserai de côté les nombreux arguments toujours debout de M. F. Prunelle ; car la fausseté de ce Préambule déborde de toutes parts. J'arriverai droit au fait. Je n'ai à m'occuper que des évêques Isarn, Humbert et Mallen dans leur rapport avec les comtes : tout le reste est un hors-d'œuvre. Il me suffira de réfuter ce passage qui est la conclusion de M. Trépier (p. 44) : *Ainsi, en résumé, aucun des anciens textes de chartes.... ne prouve que les Guigues aient eu le titre et l'autorité de comte dans le diocèse de Grenoble..... avant l'époque indiquée par le Préambule.*

L'époque précise indiquée par le Préambule est l'épiscopat de Mallen, sous lequel seulement Guigues commença (*cœpit*, dit le texte) de posséder.....

Mais établissons bien ce texte, sans y intercaler, comme le fait M. Trépier, le moindre mot, et sans l'étouffer, comme le fait encore M. Trépier, sous tant d'interprétations et d'hypothèses, que le sens en est dénaturé jusqu'au contre-sens le plus caractérisé.

Ce texte, le voici :

» Habuit autem prædictus (Isarnus) episcopus et suc-
» cessor ejus Humbertus, prædictum episcopatum si-
» cut proprius episcopus debet habere propriam terram
» et propria castra *per alodium*, sicut terra quam ab-
» straxerat a gente pagana. Nam generatio comitum isto-
» rum qui modo regnant per episcopatum Gratianopoli-
» tanum, nullus inventus fuit in diebus suis, scilicet in
» diebus Isarni episcopi, qui comes vocaretur. Sed to-
» tum episcopatum, sine calumpnia prædictorum co-
» mitum, prædictus episcopus in pace per *alodium* pos-
» sidebat..... Post istum vero episcopum successit ei

» Humbertus episcopus..... et habuit *prædicta omnia in*
» *pace.* Post episcopum autem Humbertum fuit episco-
» pus Mallenus..... In cujus diebus Guigo Vetus, pater
» Guigonis Crassi, injuste *cœpit possidere.* »

Reprenons ce texte et arrêtons-en la traduction :

« Habuit autem prædictus episcopus (Isarnus), et suc-
» cessor ejus Humbertus prædictum episcopatum sicut
» proprius episcopus debet habere propriam terram
» et propria castra *per alodium* sicut terra quam ab-
» straxerat a gente pagana. »

Isarn, aussi bien qu'Humbert, son successeur, pos-
séda son épiscopat, comme tout évêque doit posséder sa
propre terre, *et propria castra*, en alleu, comme une
terre qu'il avait conquise sur les Sarrasins.

« Nam generatio comitum istorum qui modo regnant
» per episcopatum Gratianopolitanum, nullus inventus
» fuit in diebus suis, scilicet in diebus Isarn episcopi, qui
» comes vocaretur. »

Car au temps d'Isarn, il n'existait aucun membre de
la famille des comtes qui régnent aujourd'hui sur l'évêché de Grenoble, qui prît le titre de comte.

Sed totum episcopatum suis calumnia prædictorum comi-
tum, prædictus episcopus IN PACE PER ALODIUM *possidebat.*

Mais Isarn avait la paisible possession en alleu de tout
son épiscopat sans être inquiété par ces susdits comtes.

Post istum vero episcopum successit ei Humbertus epis-
copus et habuit PRÆDICTA OMNIA IN PACE.

A Isarn succéda l'évêque Humbert, qui eut la même
possession paisible de toutes les choses ci-dessus (c'est-à-
dire de l'alleu des terres et *castra* de tout l'épiscopat).

Post episcopum autem Humbertum fuit episcopus Mal-
lenus. .....In cujus diebus Guigo vetus, pater Guigonis

1.

Crassi, injuste CEPIT *possidere eu quæ modo habent comi-tes in Gratianopoli…..*

A Humbert succéda Mallen, et c'est à cette époque que Guigues le Vieux, père de Guigues le Gras, commença à usurper les choses que possèdent aujourd'hui les comtes.

Pour résumer en une seule phrase cette longue cita-tion, nous dirons, sans sortir des termes mêmes du texte : Isarn et Humbert ont joui en alleu de toutes leurs pos-sessions sans être inquiétés par personne, et ce n'est que sous Mallen que les comtes, inconnus auparavant, ont commencé leurs usurpations.

Et c'est si bien sous Mallen, comme le dit formelle-ment le Cartulaire, que commencent à apparaître ces comtes, que M. Trépier n'hésite pas à avancer que, même sous Mallen, les Guigues n'osèrent jamais prendre la qualification de comte.

Si donc, en face d'un texte si clair, si précis et ne pou-vant se prêter à aucune autre interprétation que celle qui résulte de ses propres termes, si, dis-je, nous trou-vons, — avant Mallen, — un acte incontesté revêtu de la signature d'un comte Guigues, le Préambule est immé-diatement frappé de faux. Cela ne saurait être douteux pour personne.

Eh bien, cet acte existe : c'est la charte de fondation du prieuré de Moirans. Cet acte est signé par l'évêque Humbert, par la famille du comte Guigues et par Gui-gues lui-même, avec la qualification de comte : *S. Gui-gonis comitis.*

Cette charte étant incontestée, la fausseté du Préambule devient incontestable pour tout le monde…. Pour tout le monde, excepté pour M. Trépier qui, à propos de cette charte, remplit cinq ou six pages (pp. 39-44) d'hypothèses, de conjectures, de suppositions, pour arriver à ceci, que tout en admettant *que les comtes Guigues ont commencé dès les premières années de l'épiscopat d'*HUMBERT *à s'attribuer* LE TITRE ET L'AUTORITÉ DE COMTE DANS LE TERRITOIRE DU DIOCÈSE DE GRENOBLE, *il n'y a pas entre ce fait et les paroles du Préambule* LA PLUS LÉGÈRE DISCORDANCE, LA MOINDRE CONTRADICTION, *et qu'il reste toujours entre les uns et les autres la plus parfaite harmonie.*

Nous nous contenterons de renvoyer au texte, dont la clarté ne peut, quoi qu'on fasse, se prêter à deux interprétations, cette incroyable conclusion faite pour dérouter toutes les notions de la logique la plus vulgaire ; et jusqu'à ce qu'on nous ait démontré que deux et deux font indifféremment quatre et huit, nous tiendrons le Préambule pour un acte aussi faux au moins que ceux que le moine Sigibode fabriquait pour l'archevêque de Vienne.

Le Préambule ainsi dûment convaincu de faux, je pourrais m'arrêter là, mais, dès le début de ces notes, et répondant à une accusation de M. Trépier, j'ai dit que j'attaquais les difficultés de front. Je vais donc choisir entre tous ses arguments celui qu'il regarde comme invulnérable.

M. Trépier (pp. 37, 38, 44, 45, etc.) nous répète à satiété que Guigues n'osa jamais prendre le titre significatif de comte, *« parce que ce titre lui était encore contesté alors dans le diocèse, sur lequel, d'après le Préambule, il cherchait à se l'arroger sous* Mallen..... *Dans les trois chartes de 1030, 1033, 1035, nous voyons ce Guigues s'abstenir de gré ou de force de prendre la qualification de comte. Il y a plus encore, non-seulement le Guigues qui signe à la suite de* Mallen *la charte de 1033, évite de pren-*

20

dre le titre significatif de comte, mais il y prend celui de
VICOMTE, c'est-à-dire de vicaire ou lieutenant du comte!
(Le comte, c'est l'évêque.) N'est-ce pas là reconnaître et
confesser publiquement qu'il n'était point comte ; qu'il n'a-
vait pas le droit d'en posséder les attributions ou d'en exer-
cer les fonctions autrement que comme représentant ou dé-
légué du comte, c'est-à-dire de l'évêque ?.....IL SERAIT
DIFFICILE D'IMAGINER UNE PREUVE PLUS PÉREMPTOIRE pour éta-
blir la vérité de ce qu'avance le Préambule.....»

C'est, en effet, une preuve inattaquable que ce VICOMTE;
aussi M. Trépier l'étale quatre ou cinq fois en longues
capitales. On dirait l'épée de Damoclès suspendue sur la
tête de quiconque aura la témérité de contester l'authenticité du Préambule.

Eh bien, nous allons montrer que le vrai Guigues,
celui du Graisivaudan, prenait très-bien, *en face de l'é-
véque*, le titre de comte, et que certaines armes ne sont
dangereuses que pour celui qui s'en sert.

Commençons par la charte où se trouve le nom de
Guigues comte. Cette charte est restée inconnue à M. Trépier !... un an de recherches, après tout, c'est bien peu
pour découvrir tous les actes qui se réfèrent à une époque, si restreinte qu'elle soit, et surtout quand il s'agit
d'actes du IXᵉ AU XIIᵉ siècle. Cette charte se trouve cependant dans deux mss. de Fontanieu, bien connus de tous
ceux qui s'occupent de l'histoire de notre province : le
Cartulaire (¹) et l'*Histoire du Dauphiné*. Dans le premier
de ces ouvrages, Fontanieu donne (pp. 72-73) l'analyse

(¹) *Cartulaire général du Dauphiné*, rédigé par Fontanieu, 12 vol.
in-4º, *MS.* de la Bibliot. imp. — *Histoire du Dauphiné*, par le même,
8 vol. in-fº. dont 5 de preuves, *MS.* de la même Bibliothèque.

de cet acte; dans le second (t. 2 des preuves), il en donne le texte *in extenso* sous cette rubrique : *De quatuor ecclesiis de Vivo in episcopatu Gratianopolitano.* C'est un acte tiré du cartulaire de saint Chaffre, *sancti Theofredi,* par lequel une dame nommée Leotgarde et ses sept enfants, donnent au monastère de Saint-Chaffre quatre paroisses qu'ils avaient dans le bourg de Vif, en présence de Mallen et du *comte Guigues.*

En voici la significative suscription :

Carta testimonialis SIGNATA AUCTORITATE *Malleni episcopi et* VUIGONIS COMITIS *et uxoris ejus Adeliendis filiorumque suorum Humberti et Vuigonis et aliorum testium, in mense Augusto, feria tertia, luna secunda, regnante Conrado rege.*

Le roi Conrad le Salique, dont il est ici question, fut couronné roi de Bourgogne à Payerne, le 2 février 1033, et ne transmit ce titre à son fils Henri III, qu'à la diète de Soleure, en 1038. C'est donc entre ces deux dates qu'il faut fixer celle de cette charte; et rien ne s'oppose à la dater de 1033; Fontanieu la place sous l'année 1034; mais cela importe peu. Ce qui importe, c'est la preuve qui en résulte qu'à cette date les droits respectifs de Mallen et de Guigues étaient parfaitement établis et distincts, et qu'ils interviennent ensemble dans le même acte, pour autoriser une donation d'église, l'un en qualité d'évêque diocésain, l'autre en qualité de comte du pays. Et quoiqu'il s'agisse des premières années de l'épiscopat de Mallen, cet acte ne laisse pas apparaître, entre l'évêque et le comte, la moindre trace de la lutte dont parle le Préambule, passé irrévocablement à l'état de faux.

De cette absence du plus léger indice de lutte, ne pouvons-nous pas encore induire que, dès le commencement de l'épiscopat d'Humbert, notre Guigues possédait, *juste possidebat,* la puissance comtale ?

Mais en présence de cette suscription si instructive et si formelle, que deviennent les hypothèses que M. Trépier a si péniblement édifiées (pp. 37-39) sur ce thème que Guigues n'osa jamais prendre la qualification de comte? Que deviennent *les oppositions, les protestations solennelles* sous l'épiscopat de Mallen (p. 44)?

Que devient encore la longue phrase que voici : « *Et on ne dira pas que ces protestations sont demeurées sans résultats extérieurs, au moins momentanés, puisque, ni dans la charte de 1030, ni dans celle de 1033, ni dans celle de 1035, les trois seules connues (de M. Trépier) de l'épiscopat de Mallen, qui fassent mention d'un Guigues, ce Guigues n'ose prendre le titre de comte, et qu'il se qualifie simplement, dans l'une, de Guigues le Vieux, Guigonis senioris ; dans une autre, de Guigues, homme très-illustre, et dans la troisième, par celui de Guigues,* VICOMTE *(vice-comte, vicaire ou lieutenant du comte, qui était l'évêque)..... VUI-*GONIS VICECOMITIS ! »

Ces derniers mots nous ramènent à notre vicomte. Comment se fait-il que M. Trépier, qui reproche (pp. 6-7), on ne peut plus vivement, à ses adversaires d'aller ramasser dans toutes les contrées du Dauphiné, tous les Guigues qui s'y trouvent pour en faire des comtes du Graisivaudan, comment se fait-il que, trouvant en plein Lyonnais, un Guigues vicomte, il en fasse, sans plus de façon et en l'absence de toute espèce de preuve, un vicomte du Graisivaudan, un vicaire de l'évêque de Grenoble? Ce n'est guère logique.

Si c'était un comte, passe encore, mais un vicomte! Le titre de vicomte n'a jamais figuré parmi ceux que prirent tous les Guigues dauphinois, tandis qu'il était, au contraire, très-usité dans le Lyonnais. Et puisque M. Trépier a relevé tous les mots de Guigues vicomte qui se trouvent dans le *Cartulaire de Savigny*, il aurait dû ajouter que le savant éditeur de ce cartulaire, en l'absence de toute indication de l'originalité de ce vicomte, ne craint pas de l'attribuer au Lyonnais et de le désigner ainsi (p. 892) : VICECOMES LUGDUNENSIS (¹)?

Et voilà ce que devient *la preuve la plus péremptoire* de M. Trépier. Que doivent être les autres?

Mais je m'arrête ; je préfère, comme je m'y étais engagé en commençant, donner la parole à l'homme le plus autorisé, pour trancher la question qui nous occupe ; j'ai nommé M. de Terrebasse, avec qui j'avais dans le temps échangé quelques lettres au sujet de la brochure de M. Trépier.

Ces lettres, toutes personnelles, ne s'attendaient assurément pas à figurer dans cette discussion ; mais après la protestation que m'adressa M. Trépier, je demandai à M. de Terrebasse de m'autoriser à faire usage des passages de ces lettres dans lesquels il formule son opinion sur le Préambule.

Voici ce qu'il m'écrivait :

« L'évêque de Grenoble n'ayant aucun titre de propriété à opposer au comte, qui revendiquait tous les

---

(¹) M. Trépier, qui dans ses *Notes* a tant prodigué les hypothèses, nous permettrait-il de lui en soumettre une? Puisque la charte de *quatuor ecclesiis* (Voy. ci-dessus, p. 21) nous donne, vers 1033 ou 1034, un vrai comte, un comte incontestable du Graisivaudan, si jamais les vicomtes du cartulaire de Savigny prouvaient leur originalité dauphinoise, ces vicomtes seraient les lieutenants du comte de Graisivaudan et non point les vicaires de l'évêque de Grenoble. Hypothèse pour hypothèse, la nôtre nous paraît plus raisonnable que toutes celles que M. Trépier a accumulées pour prouver que lorsque le texte du Préambule dit que le comte a commencé sous Mallen, c'est exactement comme s'il disait qu'il a commencé sous son prédécesseur Humbert.

droits régaliens des rois de Bourgogne, ne trouva rien de mieux que de se prévaloir de la prétendue conquête du territoire de Grenoble par l'un de ses prédécesseurs, Isarn. Il n'existe dans les cartulaires de Vienne, de Lyon et de Grenoble aucune charte qui témoigne de la présence des Sarrazins dans nos contrées au commencement du xe siècle ; elle n'est uniquement fondée que sur l'assertion du Préambule, qui n'est autre chose qu'un factum rétrospectif destiné à motiver des droits qui n'avaient d'autres supports que l'usurpation. Tous les archevêques et évêques du voisinage étaient munis de bulles, de chartes, de donations, émanées des rois de Bourgogne ou des empereurs ; les évêques de Grenoble eux seuls n'en avaient pas et n'en obtinrent qu'en 1161. Il fallait y suppléer, et c'est alors qu'on fit circuler cette ridicule histoire de la conquête du diocèse de Grenoble par Isarn (¹), marchant à la tête des Alleman, des Aynard, des Bérenger et des autres guerriers qu'il avait réunis sous les bannières épiscopales. C'est ainsi que le diocèse de Grenoble était devenu un alleu, ne relevant pas plus des rois de Bourgogne que des comtes d'Albon, leurs ayants cause. Saint Hugues assure le fait dans le Préambule qu'il a dicté à ses familiers ; mais il est certain toutefois qu'il n'osa jamais s'en prévaloir de son vivant, puisqu'il n'en est nullement question dans ses transactions avec le Dau-

---

(¹) Quoi qu'ait dit saint Hugues, il est à croire que l'évêque Isarn, sans courir les périls de la guerre, gagna plus de terrain sur le roi de Bourgogne que sur les Sarrazins. (*Examen critique de l'inscription de St-Donat*, par M. de Terrebasse. Paris, 1860, in-8°, p. 23.) Nous partageons complétement pour ce fait l'opinion de M. de Terrebasse, tout en faisant nos réserves à l'endroit de la présence, au Xe siècle, des Sarrazins en Dauphiné.

phin, ni dans sa vie racontée en détail par un homme du pays, Guigues le Chartreux, » son ami le plus affectionné !....

Telle est l'opinion de M. de Terrebasse ; je pourrais en citer d'autres, toutes dans le même sens, mais je préfère me borner à celle de l'homme dont la parole fait autorité en semblable matière. J'ai, d'ailleurs, quelque hâte de terminer ces trop longues et trop pénibles observations.

Je ne saurais cependant abandonner le livre de M. Trépier sans lui reprocher le ton par trop dédaigneux qu'il affecte à l'endroit de l'abbé de Camps.

Avant d'être grand-vicaire de l'archevêque d'Albi et évêque nommé de Pamiers, l'abbé de Camps s'était, dès sa jeunesse, adonné aux travaux historiques ; il avait étudié les médailles avec le savant Bouteroue, et, pour les chartes et diplômes, il avait été l'élève et le collaborateur des Ducange, des Lecointe et des Mabillon. Aussi a-t-il laissé un nombre prodigieux de dissertations sur tous les points de notre histoire, dissertations estimées et qu'ont su mettre à profit, sans lui en reporter l'honneur, la plupart de nos historiens. Eh bien, pour M. Trépier, ce savant n'*a souvent pas le sens commun*. Pourquoi ? Parce que l'abbé de Camps, dans une note manuscrite qu'il a mise en tête du 2ᵉ cartulaire de Grenoble, parle du Préambule de façon à laisser parfaitement voir que, tant sur la forme matérielle que sur le fond, il ne croit guère à son authenticité.

Notons aussi une erreur à laquelle nous n'attachons pas plus d'importance qu'il ne convient, mais sur laquelle M. Trépier insiste à plusieurs reprises. Il fait canoniser saint Hugues en plein concile de Pise. Cette erreur est renouvelée de la vie de saint Hugues, de notre savant confrère M. Alb. du Boys. Il suffit cependant de lire la lettre citée par M. Trépier, du pape Innocent II à Guigues Chartreux, pour s'édifier complétement à cet égard.

En effet, Innocent II lui écrit que de l'avis de quelques prélats qui se trouvaient près de lui, il a mis Hugues au rang des saints; et cette lettre est datée du 10 des kalendes de mai, soit le 22 avril 1134, et le concile de Pise ne s'ouvrit que le 30 mai suivant, c'est-à-dire, plus d'un mois après.

Enfin, je ne saurais terminer sans relever une accusation que je m'étonne fort de voir soulever par M. Trépier. C'est celle de *parti pris* qu'il reproche plusieurs fois à ses adversaires.

En vérité, si, à propos des cartulaires de saint Hugues, il pouvait y avoir entre M. l'abbé Trépier et ses contradicteurs un coupable de parti pris, quel est donc le tribunal qui serait embarrassé pour le désigner?

Parti pris de notre part dans un conflit d'attributions de pouvoirs! Mais que nous importe que la puissance comtale soit suspendue au bâton pastoral d'un remuant prélat ou fixée à l'épée toujours menaçante d'un comte belliqueux?

Ce que nous cherchons dans l'histoire, c'est un enseignement; et, à la date où nous sommes, que trouvons-nous? les trois représentants suprêmes de la société : le comte, l'archevêque et l'évêque, se jetant réciproquement à la face, et avec trop de raison, hélas! les qualifications de violents, haineux, vindicatifs, imposteurs, usurpateurs, fourbes et faussaires..... rien n'y manque.

Voilà pour nous l'enseignement; il est dans la lumière projetée sur un coin du tableau de ce sombre moyen âge vers lequel des esprits trop attardés pour être dangereux, voudraient faire reculer la société émancipée du XIXe siècle.

NOTA.

Commencé en 1083, le procès entre l'archevêque de Vienne et l'évêque de Grenoble ne fut terminé que le 27 janvier 1107 par sentence du pape Pascal II, pendant son séjour à Lyon. Les parties comparurent devant lui, et à chacune d'elles il adjugea une moitié de l'archidiaconé de Salmorenc, objet du litige. La bulle en fut expédiée le 2 du mois d'août de la même année; et M. Revillout (¹), dont on ne peut pas plus contester la solide érudition que suspecter la parfaite orthodoxie, n'a pu s'empêcher de reconnaître que la sentence de Pascal II emportait avec elle la preuve de la réciprocité des torts des deux prélats dauphinois.

____

(¹) M. Revillout, ancien secrétaire perpétuel de l'Académie Delphinale, est aujourd'hui professeur à la Faculté des lettres de Montpellier.